NINFAS E MARIPOSAS

COPYRIGHT © 2016 LEONARDO TOLEDO

COORDENAÇÃO EDITORIAL Renato Rezende
CAPA E PROJETO GRÁFICO Rafael Bucker e Luisa Primo
DIAGRAMAÇÃO Luisa Primo
REVISÃO Leandro Salgueirinho

Dados Internacionais de Catalogação na Publicação (CIP)
(Câmara Brasileira do Livro - SP, Brasil)

Toledo, Leonardo
Ninfas e mariposas
1ª ed. - Rio de Janeiro: Editora Circuito, 2016

ISBN 978-85-64022-85-0

1. Poesia brasileira 2. Literatura contemporânea

13-09944   CDD-B869.1

Índices para catálogo sistemático:
1. Poesia brasileira

Ninfas e Mariposas
Leonardo Toledo

INTRODUÇÃO (PANFLETO IRRACIONAL)
– 9 –
PARA A CORUJA
– 10 –
APOSTA
– 11 –
ARLEQUINA
– 12 –
BALÃO MAIS ESTRELA
– 13 –
AO SENHOR VENTO
– 15 –
CARA CIGARRA
– 16 –
PRESEPADA
– 17 –
CLARA DOS MARES
– 19 –
AS MOIRAS
– 21 –
ANTES DA VOZ, O ECO
– 22 –
O ACIDENTE DA DEUSA-MENINA
– 25 –
LA FONTAINE
– 26 –
CAIPORICE
– 27 –
MADRE MADRUGADA
– 28 –
O VESTIDO DA AMADA SEGUNDO O CEGO
– 29 –
IDÍLIO SICILIANO
– 30 –
PRISIONEIROS
– 32 –
AUTORRETRATO
– 33 –

BANCO DA PRAÇA, CARTEIRA ESCOLAR
– 36 –
COLO NA CABEÇA
– 38 –
TORORÓ
– 39 –
RAPUNZEL
– 41 –
NARCISO E O CORCUNDA
– 43 –
ANAGRAMAS
– 45 –
CANTO AO HERDEIRO
– 46 –
NOSSA-SENHORA-APARECIDA
– 48 –
O PARTO
– 50 –
O DOM DA ÁGUA
– 51 –
ALICEANO
– 52 –
A POLÍCIA MINIATURA
– 54 –
ANTIMANICOMIAL OU A VINGANÇA DE PELÚCIA
– 56 –
CORINGA
– 58 –
RORSCHACH, O CAMALEÃO
– 60 –
MIRÍADE: A HISTÓRIA DA MENINA CADEIRANTE
– 62 –
O BELO ENGANO
– 63 –
A AMADA DUPLICADA
– 64 –
SALOMÉ
– 65 –

AGONIA DO CAPITÃO GANCHO (CANTADA POR UMA CRIANÇA)
– 66 –
HUMILDE CANTIGA A GUIMARÃES
– 68 –
DEUSA MARATONA
– 70 –
O SEGREDO DA PEDRA
– 71 –
AMANHÃ SEREMOS CRIANÇAS
– 73 –
CARTUNISTA APAIXONADO
– 75 –
SHEHERAZADE TROUXE A ESPADA OCULTA
– 76 –
CAPITÃO CUPIDO
– 78 –
14 SEREIAS
– 80 –
CASA BRANCA
– 84 –
PSICANÁLISE PRA BORBOLETAS
– 86 –
AMOUR
– 87 –
CARAVANA
– 88 –
FRAGMENTOS DO EU INTEIRO
– 90 –
A SAUDADE DAS NINFAS
– 97 –
O DOM DO SILÊNCIO
– 99 –
AS MÁXIMAS DO POÇO FALANTE
– 100 –
AFORISMOS AO CAPITALISTA
– 101 –
MANUAL DE CAÇA ÀS BRUXAS
– 102 –

INTRODUÇÃO
(PANFLETO IRRACIONAL)

Os sonhos não se renderão aos números
O amor decapita reis e tiraniza sem leis
A sacerdotisa jamais será dona-de-casa
A Lua traída jamais será pisada por um homem novamente
Ninfas e mariposas nunca viram esposas
Borboletas machistas são grotescas
O verdadeiro estripador inglês, sádico noturno, se chama Amor
O sádico e o masoquista são almas gêmeas
Dentre duas irmãs gêmeas, a que eu amo é mais bonita
O demente dança sem par ou pernas, mas nunca sem amor
Saias esvoaçantes cortam o ar, são guilhotinas
Tatuagens marcam o corpo, tragédias o coração
Fragilidade de passarinho me comove
A fragilidade agride mais que o soco.

PARA A CORUJA

Do alto de minha casa da árvore
Eu a percebi se aproximando
Sorri, ela não sabia a senha, mas eu
Incapaz de negar-lhe algo, disse venha

Hospitaleiro e delicado ofereci tudo
O bule esquentava chá preto
Dilatados, também ferviam meus olhos
E o grão que a coruja bicava era meu coração

Solidão me fez na sua mão bom anfitrião
Disse: "Fica coruja, comigo nesse abrigo,
Sem você não há alegria que aqui entre."

A casa voadora não lhe valeu o par de asas
Não sei se por acaso, ternura ou por pura pena
Ficou de lembrança uma pena.

APOSTA

Minhas linhas do destino estão em braile
Não vejo nada além do além
Fiquei dançando, já findo o baile
Cigarro apagado, nos olhos brasa
Vê um baralho pra última aposta
De quem será que a morena gosta?

A ponta dos dedos enxerga se toca
Nisso de tato, tateei o lugar
Se ao menos tua sombra eu pudesse tocar
Ah, tanto me assombraria
Vê uma mecha de linda cabeleira
Pro meu luau ter tua bruxaria
Pro meu ritual ser pagã euforia
Pro meu sacrifício ser teu benefício...

Nessa aposta que enredei co' Diabo
O ouro não vale o sangue que brilha
Eu aposto direto da veia, caio, quedo na teia
De pulso aberto, coração remendado
Vê uma agulha, tia costureira
Costura coração, teia, destino,
E faz tudo à mão
Com brio, com tino

Aquela morena não precisa de roupa
Isso tia, nem é preciso que teça
A natureza dela nua abusa musa
Que sangue de duelo ela não mereça, mas
Vê um punhal pra última aposta
De quem será que a morena gosta?

ARLEQUINA

A arlequina pinta o rosto de interrogação
Contraponto perfil cortado
De lado, maçãs brancas
Mas para o pecado?
Ela encara muda, eu tento uma leitura
Labial, repuxa os lábios
Tem o dom de prender a respiração
Dos outros...
Giz e areia cobrem meus olhos
Volto ao vazio original?
Ela, arlequina, onde está
Por que falo sobre mim
Eu jamais importei
Não sou céu nem mar, ela, arlequina
Amputação, corte brusco, ponto
De interrogação...
Mas não sou eu quem interroga, é o mundo
Mundo dentro dela
Que conversa com o desmundo
Ela gargalha às lágrimas
Escorre a tinta, junto vai o rosto
Não há respostas, reticências eternas...

BALÃO MAIS ESTRELA

Balão no ar faz balela
Balão no ar faz balé
No alto leva a esperança
Até onde a gente quiser

O balão voa no bem bom
Põe a vila ao alcance do pé
Gente pequeninha acena
Boa ida, bem vindo, inté

O balão quase não dá trela
À sua solidão, distante a
Cabeça fornalha lhe pela
O mundo uma vaga impressão

O balão não tem lá juízo
Amou uma tal de Estela
Que talvez fosse estrela
E talvez latisse cadela

Estrelinha, estrelinha, tens
Um momento ainda?
Deixa eu apagar o abajur
Dizer como está linda?

Estrelinha, estrelinha, conta
Dormes de olho aberto?
Como a noite tu se veste
No horário sempre tão certo?

Foi indo colado à estrela
Os dois desnorteados
Botando sangue das ventas
Correndo acorrentados

Um dia amor foi às favas
Como era de se imaginar
Mas o moço seguiu sem mágoa
Algo ela houve deixar

Graças à estrelinha fujona
O balão viajante sem causa
Deu partida na vida
Foi vendo e não crendo
O estupendo mundão

Mundo entrou pelo rombo
E ele alegre tombo em tombo
Sem saber que era ágil
Testemunha de presságios
Um Cristóvão Colombo

Agora um moço mudado
À busca do sabe-se lá
Quer sim desbravar
O mudado da terra
Ser amante pioneiro do novo luar

Removidas as costelas
Pode zarpar bem distante
Corajoso de família delirante
E se lembrar nas máximas alturas...
De sua Estela.

AO SENHOR VENTO

Carregado de histórias vem o vento
Velho sábio,
O pique é de moço
Galga, passa férias nas colinas
Morre nas cidades onde ninguém lhe escuta

Carregando tanto o vento nada pesa
Velho sábio,
Deita as mágoas e sorri
Como o casco protege a tartaruga,
Que as lembranças sejam casa e não covil

Carregando cada detalhe suave
O odor do mel
A morte da abelha
Saliva, pólen, gozo
As intrigas das flores ciumentas
As cartas de amor lidas baixinho

Peço ao vento
Viajante do tamanho do mundo
Conceda-me:
Seja varrido o que não for vasto.

CARA CIGARRA

Debandei fugindo das máquinas comilonas
nenhures, senhores
nenhures era o lugar
conferi direito
algures não podia ser
nenhures era
a hora exata marcada
tardança
eram belas cantilenas
sou bicho ancho, desprezo chanchada
imposto a voz coralina
curvo a minha menina
em sua sacada
sopito manhosamente
vara-pau-vira-noite
inimiga mortal dos galos
meu sobrenome é guitarra
a graça, cigarra
mas hoje, nascida a exploração
acabou-se a era do lirismo
eu finco na terra, canto com garra
formiga se alimenta
cigarra enche o bucho do abismo
abismo a que se dá de comer
mais cheio ou vazio
gordo ou magro
dele mesmo?

PRESEPADA

Morro para ouvir suas histórias
prestar-me atencioso aos lábios
frouxos trazendo
tamanha sofreguidão.

Dar um pio eu não sou capaz
posso perder palavras
partir indelicado
o fio desse condão.

Como poderia então, me fala
achar palavras idas
sobretudo queridas
como as acharia, diga, Nuala.
Se o silêncio egoísta
devolvendo a nós sempre a si
põe as coisas ditas
fora de vista?

Enquanto eu lhe cedo minhas
intermináveis horas deserdadas
sinto a resina índia
amolecer o peito
invés de soluços, sulcos, lar acanhado
ao joão de barro.
Disfarço, ergo a sobrancelha
para que olhos pele vermelha
não chorem.
Escoro o choro
engulo a resina
a lágrima equilibrada na lágrima
a filha das lágrimas chama
Marina.

Isso só nalgumas histórias
noutras só se chama alegria
bate palma, canta o jogral
a história da nossa alegria não acaba
mas já teve tanto, tanto final...

Lábios frouxidão eu não amarro
o cordão do sapato serviria
agora vá lá
como amarrar minha curiosidade?

A contadora d'histórias na verdade
dorme nada
restou-lhe inventar a cada manhã
mal acordada, coçando a cabeça
com os pés, inventar
outra presepada.

CLARA DOS MARES

Naquela noite escutou-se do mar
Um exótico e longínquo marulho
A gente logo levantou pra escutar
Povo sem festa, que dirá chocalho

Na vila cedinho, Clara pimpolha
Sem pai, nem mãe, nem ao menos orgulho
Umazinha filha de padrinho
Acordou amuada com o barulho

Que vinha do mar não era desculpa
O mar quem tinha que se desculpar

Põe na cabeça o chapéu de palha
Pertence prezado do padrinho
Na beira do mar ela para e ralha
"Ajuda, pequeno, fica quietinho..."

Ela e o mar ali entreolhando
De viés, soslaio, rabo d' olho, escotilha
Passa o tempo e já-já ela vai, já-já
E então o mar lhe traz de presente a presilha

"Que linda presilha de prata que brilha
Olha, Emília, Marília e Cecília!"

Decidiu dar os pés pro mar beijar
"Seu mar, obrigado, muito obrigado"
Ele calmo foi beijar o seu pé
Que também era presente ofertado

Clarinha voltou a cantarolar
Chegando à vila, o povaréu feliz
"Milagre, a menina eleita do mar
Nem santa, nem anjo, nossa imperatriz!"

E Clara nascida Clara das Dores
Haveria de reinar Clara dos Mares...

AS MOIRAS

O comprimento do cabelo de Rapunzel
é o mesmo das histórias de Sherazade
que é o mesmo que a fundura da toca do coelho de Alice
infinitos...

ANTES DA VOZ, O ECO

Um eco para além do tempo que diz: siga-me.

Conheci uma menina curiosa,
tinha medo da vida, mas a tocava mesmo assim
Acalentava silêncios interiores,
não se esquecendo de cantarolar baixinho
Acreditava nas histórias ao redor da fogueira,
sabendo que eram todas inventadas
afinal
foi há muito, muito tempo atrás
quando a palavra mentira ainda não existia.
Acreditava nas histórias ao redor da fogueira,
a fumaça subia, isso bastava
o segredo, a aldrava solta
um gigante dormia de portas abertas:
porque ainda não lhe atiravam pedras,
podia ser gentil.
Acreditava nas histórias ao redor da fogueira,
como podia ser mentira
se a magia era a mesma sempre
e nada se combinava?
Conspirações mudas são fábulas,
o demais é mentira.
Alguns dizem que essa menina tonta
foi a primeira das santas do mundo
não por ser perfeita,
é que ela não tinha vergonha
só carinho de bicho.

Acreditava nas histórias ao redor da fogueira,
e eu nunca pude lhe saber a vida
ela me disse algo muito importante
um eco empoleirou no próprio céu
ela me disse algo inesquecível

feito para não ser ouvido e sim sonhado.
Acreditava nas histórias ao redor da fogueira,
os homens ao redor dessa luz não serão
amanhã os mesmos
e, sendo essa a última noite,
quando se conta fábulas
é sempre a primeira noite do mundo.
Ainda podemos ser felizes
Os sábios ainda não viraram aranhas
eu sentiria saudade
se eu não fosse saudade e, portanto,
não passado, mas presente.
Os sorrisos ainda duram estações
a floresta transpira incensos
a menina tem a calma de ser criança
o sábio obedece o que sabe,
também ao desconhecido.

Acreditava nas histórias ao redor da fogueira,
a voz, ninguém sabia da onde vinha
alguns suspeitavam:
a voz vem de todo lugar.
Acreditava nas histórias ao redor da fogueira,
desde quando chupava os dedos sabia
algo me falta
o que substituo?
descarnava os dedos ao toque da fantasia
descarnava a si, pois o sonho invisível.
'Como você se machuca assim?' –
perguntaram a ela, pasma
'Machuca perder a casca,
mas eu nunca senti.'

Acreditava nas histórias ao redor da fogueira,
mas existem figuras no céu
escutando atenciosas da beira

para saber se são reais
as bonitas angústias que nunca sentiram.

Acreditava nas histórias ao redor da fogueira,
precisavam ser bonitas o bastante
e no fundo somos homens tristes
porque não sabemos escolher no que crer
e cremos egoístas, salvos,
mas famintos por beleza
em vidas anônimas,
moídas pela espera de uma guerra
moídas pelo relance romance.
A menina acreditava,
e dizia que sua verdadeira mãe
e seu pai amado
eram um só
a voz que ditava:
'Era uma vez e era uma voz'.

Acreditava nas histórias ao redor da fogueira,
porque elas brilhavam ofuscantes
e apagavam o redor
e então, não é a morte a apagar a vida,
mas a vida a apagar a morte.

Eu disse à menina: 'sinto muito',
e foi por pura felicidade.
Pena, eu e ela nunca pudemos nos escutar
jurei dar-lhe a mão para sempre
a casa fica longe, querida
tolo, tolo, tolo
se não podes me seguir,
sonha.

Um eco para além do tempo que diz: siga-me.

O ACIDENTE DA DEUSA-MENINA

Sofia era uma deusa-menina moradora do Céu
um dia
sapecando pela beirada do Paraíso
na sua incontinente curiosidade, corpo mole,
deusa-menina escorregou
caindo no meio da gente
em sua queda ela foi perdendo objetos seus
caindo do bolso do macacão
Sol, Lua, estrelas
um jogo completo de estrelas,
quebra-cabeça astronômico
em colônias de estrelas
perdido
a menina mesmo com a queda livre severa
'espedaçou, mas vivíssima ficou
escondida na ardente vegetação
na cauda de pavão do arco-íris
ou no umbigo da terra
a deusa-menina veio a nós sem borrados de lembrança
foi assim que trouxe
original e perfeita
a fórmula chamada
catequese das cores.

LA FONTAINE

Pensei em guardar a mágoa
má água, parada e suja
dentro de mim
Fui para os confins da solidão
atrás do cantar que aqui não ouço
tanta balbúrdia, falsos anúncios de bazar
gritos de socorro, palavras cruzadas, câmbios de náufrago
Bom é morar numa cabana
palavra às raposas
de chambre vermelho francês
contando sonolentas que Lá Fontaine
foi um calhorda
e a natureza como é
não tem moral da história
Caçando corças
rezo pela presa amiga antes de comer
lavo a alma
três vezes por dia
calando pensamentos
Um enfado ter de projetar a voz
antes um silêncio eloquente
que pudesse encher a jarra,
o vasilhame, o cálice, a taça,
a cumbuca, o litro, o tonel,
calor abrasante e
silêncio vertente
a sorte de nos entendermos
Por que mentiste Lá Fontaine? você que sendo fonte
deveria deixar a história fluir...
A barba cresce junto com a história
a barba cresce com a estrada
a barba cresce com o sorriso
a barba oculta a dor
atrás da sabedoria...

CAIPORICE

Caipora esvaiu na capoeira
virou fumo, virou lenda, foi simbora
cansou do lenga-lenga
O angico mágico, a catuaba,
a gameleira desguardadas
bicho homem que se dane
as folhas fecham suas abas
liquidam a questão
Invagina volta às origens
bicho homem donde veio
quem te pôs chapéu de burro
agora pra crermos que nada sabes
terás de dizer "eu juro,
sou burro!"
Venha até nós de cabriola em cabriola,
seja engraçado pra termos pena de ti
"deu pane, pifou a eletrônica caixola!"
aqui não tem tomada, ferramenta ou parafuso
mas não fica confuso
foi você quem esqueceu o essencial
No rio tá cheio de energia, vá mergulhar
brincando alegre toma nota
vida em excesso não custa desperdiçar
Pimba, chega de amuo, monta a cacimba
e explora esse mais-valor: a alma,
compulsória, especulativa,
carne viva
em crise e alta
a um só tempo...

MADRE MADRUGADA

Todos os loucos de amor falando sozinhos.
Nem precisamos arrancar confissão,
os loucos têm as pálpebras pregadas na testa,
roubaram os pregadores do varal,
suas línguas escaldadas de café,
fizeram todos os sacrifícios para vencer o sono.
Geralmente torturamos para fazer um homem confessar,
mas a tortura é a própria confissão desses homens,
não importa,
eles não se queixam.
À madre madrugada contam seus crimes,
riem e choram ao mesmo tempo,
contra a insônia caçam os grilos do jardim.
Grilos tenores cantando amores desafinados.
Amor a donzelas de coques amarrados e vestidos soltos...
Piam corujas e os homens tristes sabem:
nem todos os pios são de piedade.
Madre madrugada sem sinos ou cristos,
só os bêbados rezam, entre soluços e arrepios.
Contam os cachos infinitos de suas amadas
esperança de que ao fim da conta sejam amados,
se um fio de cabelo escapa, se perde a conta.
Sim, trocaram a conta das ovelhas pela dos cabelos infinitos.
A conta é irmã do sono, escorregam e adormecem os amantes.
Depois voltam a caçar os grilos para nunca os encontrar, diabos,
os grilos, tenores, apaixonados e solitários...
Os grilos devem cantar dentro dos corações dodóis.

O VESTIDO DA AMADA SEGUNDO O CEGO

Esse vestido há de doer mais que as guerras
e as doenças.
Esse vestido há de roer os meus dedos.
Fluorescente, no escuro eu o vejo
Brilha entre libélulas
Preto e de flores brancas e amarelas.
Enxugo meus olhos nele
E ao invés da lágrima molhá-lo
Nascem flores em meus olhos.

As raízes do amor me cegaram as vistas
Aterradas janelas.
Cego estou, ao sabor das cascatas
Aprendi sentindo:
O amor é cego
Mas o vestido da amada
Brilha no escuro.
Abriram cavernas em meus olhos
Cavernas solares consoladoras.

IDÍLIO SICILIANO

E nada do que é simples nela há de ser vulgar...

O poeta que cantou a você
frequenta finos jantares
mas é menos profundo
que um prato de sopa
Lembre-se do idílio chamado Sicília
de quando ela baixava os olhos
não por submissão ou covardia
mas pra auscultar
dentro de si
Quando os cães e os meninos corriam
alegres de vadiagem
e ela acarinhava o rosto de um
por amar quem é podre
de feliz
Na noite em que os doentes se compadeciam
de um médico de coração forte
e pendores de desgraçado
as valsas eram esmolas sentimentais
a sopa esfriava
a vida não
O idílio não tornava as dores apenas toleráveis
tornava-as leves como carros de frutas
aonde podíamos
escolher as mais belas
alegrias
Ela ama, finge, sofre, bebe, canta, cai, morre:
finge sofrer cantando bêbada de cair
pra morrer
e repossuir a vida
ela não é recompensa, mas sequestro

A alegria
tem certa maldade
jovial
não me entenda errado
não é por mal!
assim são os meninos, assim são os cães, assim é a música, assim é ela:
eternamente jovens pela graça da alegria.

PRISIONEIROS

O seu olhar me deixa a pão e água
numa prisão de porta aberta
pro mar que me toma
e me traz de volta nos braços
Na cela uma roca de fiar onde fio desfio
o seu olhar
antes um quarto
com o hábito dos nossos corpos
da onde nem penso escapar
Hábito que água não serve pra lavar
a sua força não agride mas
o seu corpo me abre pro meu corpo
trincado
desemboca
no céu do corpo
que na beira da sua boca perco
as estribeiras
Qual reza que corpos derretem corpos
sendo velas
que comunicam estrelas por onde passeamos
do nosso próprio intento
prisioneiros
O seu olhar me deixa a pão e água
mas eu te ensino a humildade
farto de amor ajoelhas por mim
compartilha pão e água
que te dou o que falta:
corpo e céu.

AUTORRETRATO

Escritor:

"Voltarei a ser pescador
Descascar escamas, sujar as mãos
Conversar com os espíritos dos peixes
Quanto tempo faz?

Eu tenho três filhas
Sei que são minhas porque quietas
Embora o espanto que lhes deixe inquietas
Seja razão de serem quietas
Vergonhosa palavra, faca cega.

Levarei estas páginas
Servirão para embrulhar os peixes
Olha Miguel de Cervantes em meio à vida
Bonito entre os barbantes, as barbatanas
Dom Quixote das coisas mundanas

Mergulharei todo fim de tarde
Minha cabana será templo de bambu
Porém, vento algum lhe irá afrontar
Garante isso
Não os ângulos ou a arquitetura
Garante isso meu altar

Perderei todas as minhas memórias
Já não lembrarei dia ter te amado
Até as ondas me lembrarem
Pois as ondas são memória
Vão e voltam quando querem

O mar é um tomo de abandono
É um livro que se lê com o corpo
De capa azul-esverdeada
Capa mole molhada
Dura mais que a capa dura
Os enfeites da capa são algas
Sal, barcos, carpas...

Conheces o palácio profundo, amigo?
Teus sonhos conhecem.
O submerso tira teu fôlego
Seja no fundo do mar ou da alma
O submerso oxigena meu verso
Procura o palácio interno
Na cabana, seu reverso.

Fui monge seduzido por letras
Rato roedor de livros
Lúcifer, as asas negras da imaginação
Professor, tutor, sábio, conselheiro
Das histórias o contador
Ainda assim, todas histórias de sábio
São histórias de pescador.

Eu tenho três filhas
Mas não dei nome a nenhuma
Para que pudessem procurá-lo
Para que pudessem perdê-lo
Como é preciso.

Dói amar três criaturas sem nome
O meu sábio legado, não para vocês
Filhas minhas, bico calado
Só se lega ao mar.
De resto, eu lhes amo além de nomes

Deixei tudo quanto inútil
Ficou muito pelo caminho
Carrego o único peso real
Toneladas e toneladas
De Alma.

Eu lhes amo além dos nomes."

BANCO DA PRAÇA, CARTEIRA ESCOLAR

Salvo da saudade antes que seja
Tarde demais
Salvo da saudade, sei, logo será
Cedo demais
Calvo estou, meu caro rapaz
Olhos fundos, embotados
Tão em paz
Brancos antes do filme começar.

As bolsas de carnes, o papo, a artrite
Entumesci aqui, amoleci acolá
O banco da praça continua
Minha carteira escolar
Qual foi a lição?
Escrever para apagar
Lembrar
Decorar de coração.

Ah, ai de mim
Só as árvores escutam
De vez em quando, um bocadim
Minhas histórias
Até seu incrível, falso fim.

Ah, se eles soubessem
Que tudo acontece de novo
Quando se conta
Aos ouvidos pontiagudos
Felinos, atentos, curiosos
Aí a vida reverbera.

Toda história verdadeira
Acontece duas vezes

A vida não é uma só coisa nenhuma
Primeiro como puma
Jaguar, lince, pantera.
Depois reverbera um gatinho
Brincando atrás do novelo
O tempo dócil e mansinho
Pantomima de guerra
Juro pelo meu focinho.

COLO NA CABEÇA

Memória tem cadeados, amigo
Abre, oculta, emperra
Abre de novo se há
Bom pé-de-cabra
Coisica à toa já serve de gatilho
Uma coisa
Puxa a outra, você mesmo
Coisa puxada

Os afetos duram mais que sua duração
Afeiçoar-se é nunca limpar
As gavetas
Nas minhas, eu como sou
Guardo gaivotas de papel
O branco da cabeça da gente:
Memória primitiva das cores

Saber mesmo das coisas, sabichão
Eu não, pra quê?
Importante é lembrá-las
Ter a cabeça fora
Da cabeça, no colo que rememora memorável.

TORORÓ

Canta a saudade daqui, canta de lá
Canta a saudade daqui, cantilena
Canta a saudade daqui, canta de lá
Canta a saudade da sarça morena.

Da onde vem a voz, pra onde vai
Vai dar na foz?
Vem a lavadeira lavar no regato
O regaço gostoso, limpar aos beijos
Os gatos malhados da gema
Fujões, fujões, qual é o esquema?
Tá ali o Tororó sem dar nem por
Esparramado rio rareia firme
Desde muito tempo
Desde os tempos de vovó.
Compadre Tororó preza mesmo mulher moça
Chupa leite moça
Balouça avó, filha, neta
Deixa pra lá de lavar a louça.

Há muitas, muito velhas gerações
Sonho te dar a mão.
Tremo a friagem nessa nossa margem
Aqui ninguém vem, eu lhe aviso
Desvairado sei que soa
Cair com o barranco me deixa vivo
Impossível amar, amor
Mas a vida coisa boa
Invés da visita esperada, a voz da saudade
Garoa, garoa, garoa!

Afoito por ti eu estou, lavadeira
Saudade me deixa saudoido

Eu sento outra vez entregue
À beira-berro-da-nossa-vida-inteira
Dou saúde ao rio, viva ao amor
O rio lero-lero...

RAPUNZEL

Comprei uma caixa de Faber-Castell
Pra desenhar os mimos
Recatados, sem meninos
Da bela Rapunzel.

Dizem no alto da torre morar
Conversando com pássaros
Que lhe tem a maldade
De papaguear em todas as línguas
Carochinhas de liberdade.
Visitam o seu parapeito
Enquanto ela suspira e volta
Para se revirar e assoar o nariz
Em seu leito tristonho
As lágrimas, um chafariz.

Rapunzel, onde estará seu eleito?
Ah, eu sei, princesa
Posso saber pelos lábios róseos
Me dizem as doces covinhas
Que a moça dos contos de fadas
Ama melhor os mentirosos.

Dê suas dores aos impostores
Quer galinhas e emboscadas
Lábios cortantes e cicatrizados-cicatrizantes
Ah, princesa apaixonada por emboscadas
Escolher as cortinas não queres...

Olha pela janela e vê teu herói arlequim
Venceu as alturas, saudade, solidão
Todas as penas mais duras
Os losangos das vestes caídos

Quanta valentia por ti, mimada guria
E o valente apenas quer tua tirania.

Vê teu herói banal:
Dança valsas em pernas-de-pau.

NARCISO E O CORCUNDA

Unidos para sempre pelo veredito do espelho
O espelho põe a corda no pescoço
Narciso geme, contorce o torso
O Corcunda diz: "espelho é poço"

Narciso afunda, encharca o osso
Os rostos vão se envelhecendo
Decaindo por sua maldição própria
Sem saída, elixir, chance, devir
Narciso deforma em pele e osso
O espelho nunca passará de moço

Cruel seja, romance dos espelhos
O Corcunda afunda com Narciso
O reflexo do espelho é tão preciso
Mas o avesso do choro não é riso

A beleza mais prima não dura
Mais nem menos que a feiura
O espelho é tão chato em ser exato
Mas se acerta o desenho dos traços,
Que são o esboço delicado da beleza,
Falta saber refletir as obsessões

Os espinhos sangrentos da rosa inocente
Tão ingênua que nunca sabe ou pressente
A tortura que seu sorriso
Ou a confusão que sua brincadeira
Ou a alegria que seus mimos
Causam num homem desprevenido

Se Narciso e o Corcunda disputam
A atenção da mesma atriz

E nenhum deles acaba feliz
O espelho ainda refletirá
Vidrado
A musa em nudez e cicatriz.

ANAGRAMAS

Identidades são anagramas:
podem ser bagunçadas, embaralhadas,
postas em gincana...
Recusando todas as ordens instituídas
a falência dos cyber sonhos
a paúra do fim do mundo
agora é assim
pode se trocar gato por lebre,
ninfa por mariposa
eles por elas...
Faz-se anárquica e disléxica
não lembra coisa alguma
um atentado contra o bom senso
na forma de tentação
contra a depuração da língua
dá-te a língua,
mal criação...
Ela quem racha o espelho e divide o mundo
conjuga sem regra
subjuga à força do encanto
não diz quem é,
quanto vai ficar
se algo está do seu agrado
mas não vai embora...
Uma exibicionista encurralada por prazer.

CANTO AO HERDEIRO

Um canto alcançou minhas paredes
Um chamado distante
Fez ecos, navios e redes
Quase me salvou de estar ali

Um canto quase matou minhas sedes
Eu achei que me buscasse
Pra ver o avesso das estrelas
Ou as estrelas na tua face

O canto foi tanto e quase um recanto
De tanto quase eu me afoguei
Vi que nas viagens há promessas
Que quebram nas margens sem lei

E que importa as paisagens, astros
Cubra todas as maravilhas
Apague minhas futuras trilhas
Que diabo importam paisagens e astros
Se os meus olhos estão já gastos?

Alguém me diga,
O que o canto fazia na tarde vazia?
Por que brincava nos meus ouvidos
Será que mereço a voz da utopia?
Essa que não sei se é
Presente ou punição

A melodia, eu sei, era sua
A que não se revela nem nua
A que tem medo de se assustar
A afogada que nunca foi ao mar

O fardo, eu sei, será meu
Essa herança inalada ao respirar
Alguns chamam de solidão,
Eu prefiro não chamar

A herança

Acendo os meus cigarros na epiderme de estrelas
Puxo a fumaça, é esperança tão pura
Quero revivê-las

A herança

A herança fez com que jamais
Eu voltasse a ser um só...
Obrigado a sonhar sem dó
Junto a ti e ao nosso nó
Amarrado com
Doçura e pesar
Com o canto sempre irreal da lembrança
O nó que não pude desatar...

NOSSA-SENHORA-APARECIDA

(Para Ghabriela Oliveira)

Mãe, porque eu nasci da luz, nasci do vento
você me estranha
dentro de você cresci
sem consentimento
Sou filha de Deus, filha do meio da estepe
a semeada
aos quatro-ventos
rosa bastarda espeta-Jesus
Mãe, eu não te implorei nenhum afago
chorei - toda criança chora,
não faz por mal
mas por afogo
Um dia busquei tua mão
do escuro medrosa
hoje eu vejo muito bem
que a mão era a venda
obscurecendo meus olhos
Mãe, porque você mesma me pôs medo de luz
e agora me teme
como fantasma
eu não vou fazer mal, não vou, não vou
você me dá medo dos vivos
Sou filha de mim, mãe, e por sua causa
sou filha de todos meus amigos
isso é bom,
agradeço
Sou parida no meio da noite, criança
que a Lua adota
nasci da discórdia entre a vida
e a morte
por garra de viver

escapei das garras da outra
Sou parida no fundo do poço, estrelas
das mais profundas
sei brilhar quando é tarde demais –
noite,
rota dos cruzeiros acendendo em auxílio
aos desesperados
Sou junto à Nossa-Senhora-Aparecida:
a Lua...

O PARTO

Uma vez...

eu te fiz abrir os olhos, abrir mão das ilusões mais caras
abrir teus sentidos, pintar o corpo, furar as orelhas,
captar os presentes naturais
dormir enquanto répteis e águias
andam pelas trilhas do rosto

eu te ensinei um carinho afiado, como lascar pedras e olhos
pus um pano encharcado na tua cabeça
ajudando a estancar febres zumbidas
febril estavas mais viva
guardei seu suor guerreiro a salvo em meu cantil

eu te emprestei meu corpo de ninguém
grudei dois céus num dia de tempestade
ondas e nuvens arredias colidindo
dois mundos
num plano infinito

eu revelei seu rosto sem usar espelhos
habitei seu tronco desconhecendo cavernas
a penumbra e a nudez se amigaram
surgiu o tempo dos encontros furtivos na noite,
esconderijo milenar dos prazeres

eu cantei canções de amor enquanto teu ventre gemia
demos à luz

mas nada do que te dei pode pagar o que me deste:
a chance de ser.

O DOM DA ÁGUA

Rio capitão da dissolução
Como se faz capaz de refletir a nós?
Isento de discriminação reflete
Indiferente carrega
Correnteza sábia segue, segue a saga cega...
Rio líquido, porém dissolvido
Ego, ego, ego ultrapassado
Vencedor vago vagando vencido...
Rio a boca escancarada
As sílabas peixes, as pausas pedras
As margens lábios extremos boca
E dentro do rio eu abro
A minha própria boca
A imitar-lhe o tique...
Rio e quando rio engulo a natureza
Destruo os limites da represa, a repressão
Destruo as máquinas fetichistas, a tecnologia
Me salvo na luz do dia
Rio pois é grave não ser suave.

ALICEANO

Ser muitas Alices ao mesmo tempo
ter a cabeça para tudo isso
Minto para sair de dentro de mim
conto inverdades detalhadas
o meu verdadeiro eu um mínimo detalhe
que ninguém percebeu
no meio desse rebuliço me pergunto
e eu com isso? onde está a personalidade verdadeira?
está no armário
ainda me serve
ou terei de bancar a costureira?
Menina dormindo em incubadoras e casulos
desconhecendo
o rosto mais familiar
como se fosse ela uma impostora
se fazendo passar por si!
Não tem jeito, não confio em uma palavra
dessas confissões do exílio
eu me apresento a mim mesma
arranco um aplauso, sou pouso
de tartaruga
cresço, diminuo
fico do tamanho certo para ser engolida
rugas... de uma criança confusa...
Tenho parentesco com o transparente
líquido espelho
digo o que sinto no momento
efusivo, ilusivo, permissivo
me dá passagem
pra que atropele
quem mais estiver no caminho
Polegar, indicador, dedo médio,
anelar, mindinho, cinco vezes dois,
dez mentirinhas...

Eu interpelo, espelho, espelho meu
quem se dissolve como eu?
sabes que a dissolução
é forma extrema de solução?
Espelho, espelho meu,
você sabe que sou múltipla
tantas quanto posso
e nunca entra em acordo
uma multidão...
Espelho, espelho meu,
quem te enganas, ora, sou eu!

A POLÍCIA MINIATURA

Você pode brincar com seus brinquedos lá fora
mas cuidado com a polícia
ela confisca diversão
ela escuta suas risadas e não admite balões
nada inflado
Calibre
peso, densidade e volume
pra afundar na imaginação
prepare a lógica pra brincar de furar
becos sem saída
não, você não pode parar
o excesso de velocidade nas cabeças
Minhas vértebras têm muita história pra contar
que quase pulam pra fora
um videoclipe na madrugada
sou a pedra no sofá
envolta num cachecol de fumaça
bato cabeça
a minha espécie tem licença
de inventar origens
tenho dez mil pés de feijões divididos
por uma memória de curto prazo
de dez segundos
queimo
visões fósseis
A princesa do coelho branco está suja de terra
odeia branco
babados
vestidos
mas gosta de renda faz-de-contas
Homenzinho azul
quer colocar um cordão de segurança
ao redor da nossa imaginação

nem pensar
aqui tem muita coisa em letras miúdas
só pra fingir que leu
ou deixar zarolho
ah, você não entende que meia sem par
também é bom
a polícia não gosta de balão
não gosta de balão
não gosta de balão...

ANTIMANICOMIAL
OU A VINGANÇA DE PELÚCIA

Dedetize o hospício, bom trabalho, bom serviço!
o perpetrador encara o teto
de forma suspeita
o que passa por essa cabeça?
perigo
espirre serotonina até matar as trepadeiras
o que cresce no escombro
a erva da ruína
da família...

Na cela cinquenta e três uma menina com seu ursinho
esperando a hora do grupo de apoio
duas personalidades partidas
magra uma rã
pulando num laguinho de pedras interior
de pedra em pedra
a boca fina não fala
mas os olhinhos sabem que o que aconteceu aconteceu
mas ela não pode aceitar
as coisas
que o ursinho
diz
magra uma rã
o rabo de cavalo
as asas desenhadas...

Isso não é um hospício, trata-se de um hospital psiquiátrico
mas isso é um hospício, trata-se do mundo
quando a menina da cela cinquenta e três
inventou a outra menina
foi porque precisou
cravem as unhas nas têmporas frescas

do primeiro filho da puta que se meter
a desinventar alguém
de quem ousar quebrar um encanto
com formulários e perfis
dizer à menina
que largue
o urso
o urso é ela falando consigo
abrindo um canal
curando
é teatro
mas vocês não entendem
não existe
teoria geral do teatro
da loucura
do faça você mesmo...

Psiquê desbunda belamente os senhores,
otários!

CORINGA

Você pode ser um tibetano plantado no primeiro degrau
o comuna tomando irmão por camarada
o poeta de grife rebolando o discurso
você pode ser a criatura sem rosto
o ponto de interrogação vergado
a gente no matadouro da cruz
quem grita verdades no tubo metálico
esterilizado
para ninguém entender
do outro lado
ser mesmo
um anônimo Jesus
você pode ser símbolo preenchido de carne
o corvo azul, roxo, preto ou branco
um pedinte mas de manto
uma dançarina de revirar olhos
com cinto de utilidades
para o crime
um carnaval
cujo tema
seja suicídio
você pode ser um ciclista das muralhas vazias
um homem calvo que conserta encanamentos
e intui sobre a falência
da arquitetura
e da anatomia
a távola redonda em preto-e-branco
o anarquista com o A
funilado na testa de rinoceronte
pode ser Caronte pegando viagem
de erva
ser marxista, niilista, agiota, barata, rato ou
Buda

em pessoa
animal
você pode brincar de modificação corporal
chifres, buracos, lombadas,
todos acidentes na tua cara
exclamando
a assustadora tatuagem tribal do solitário à paisana
ou pode ser que você até
goste estranhamente
de pregos com morangos... tudo bem...
mas saiba:
coringa
só embaralha
com coringa.

RORSCHACH, O CAMALEÃO

Rorschach o camaleão goza a obscena liberdade
assume a forma latente de duas caras
e a sociedade chocada
um vulcão inativo permanece vulcão
o motim germinando debaixo da pele
te falo à flor do ouvido
teus olhos são ovos, ainda têm de nascer, e pra nascerem
têm de chocar-se com o que veem
as nuvens, os borrões de tinta, as faces da multidão,
cada um recorta do miolo inconsciente
sua espécie de camaleão
uma criança olhando as nuvens
o neurótico os tentáculos de tinta: muletas ou asas
o trabalhador a multidão em pastéis ressecados
a personalidade
um corte e colagem desmembrando
cenas passageiras
dando luz ao Frankenstein do beco
uma antena de inseto, antena de satélite, antena de escritor, antena dos médiuns,
o olho multifacetado axial vê o mundo sem eixos
a livre associação dos psicanalistas, o código de reconhecimento dos bandidos,
a coroa do escritor, o branco da atriz, o nome secreto de deus,
o tabu fulminante,
todos buscam a palavra secreta!
a jovem atriz aposentada
por invalidez
era seu dever de casa:
recortar do miolo difuso das formas sensíveis
um eu
bonequinhos de cartolina dão as mãos... dão as mãos... dão as mãos...
ela não encaixou triângulo no triângulo

porca no parafuso
interrogação na questão
e cerrou a testa como um tabuleiro!
descobriu o X
a forma das fadas
é o borrão...

MIRÍADE: A HISTÓRIA DA MENINA CADEIRANTE

Ela lentamente une
os pedaços dispersos do quebra-cabeça
um a um logicamente
um ao outro
dão as mãos...

Pelas beiradas
vai da paisagem
solucionando a integridade
pode mesmo refazer em memória
paisagens reais observadas
derrubar árvores
com os juncos construindo
a ponte para atravessar o rio
explodir dinamites
deixando a terra fofa...

Pensar nisso a faz sorrir:
as benfeitorias da menina má
ah, uma ponte especial pra ela,
a esquisita da cadeira de rodas
(a panturrilha coça)
mas agora mesmo
focada no mundo interior
seu único desejo
é que o quebra-cabeça dê as mãos...
"alguém...junte...meus...pedaços..."

O BELO ENGANO

Ela enganava quase sem querer
Quando sorria grátis pra quem quisesse
No sorriso cabia tanta sugestão
Entendê-lo seria belo
Mas vão.
Ela enganava por puro acaso
Deixava uma pontinha de ideia
Puxando carreira de dúvida
Afogando afagos
Fundo no lábio raso.
Ela nos enganava por gentileza
Abria a porta do coração
A todo que quisesse espiar
Abrigava mesmo quarenta ladrões,
Irmãos bastardos, os imperdoáveis
Por tribunal ou fé
Punha no coração mil amores
Mas preferia hóspedes incendiários.
Enganava a todos o sorriso arisco
Pra alguns arabesco, pra outros bilhete
Pra alguns runa, pra outros ruína
Sorrir assim não se pode atinar
Tem homenzinhos dependurados no lábio
Vão cair sem resposta
Enganados.
Ela enganava porque enrolados na trança
Do sorriso, os homens podiam refestelados
Cigarrar, beber, cantar,
Sem trégua terem esperança.

A AMADA DUPLICADA

Essa outra veste as roupas da original,
Imita sua voz, coça o nariz,
Um calcanhar no outro atrita
Elas leem linhas idênticas...
A ideia que faço duplica a amada:
Primeira implica fatalmente na segunda
As duas não se encontrarão,
Exceto em mim
Faço a ronda dos corpos nus.
Ela é um palíndromo inocente,
Quatro letras aviltadas por tabu
Ela é igual de trás pra frente
Pergunta ao espelho, jururu
O espelho não lhe mente:
Idêntica de trás pra frente.
Sendo dupla a amada se projeta
Exatamente na amante
Amar fiel se torna impossível
Traímos para amar, amamos para trair
Vaudeville bordel, Don Juan e Judas o macho
Ela indizível.
Resta para o homem esse revés:
Amar-te louco, sem saber quem tu és.

SALOMÉ

Salomé mostrou-me minha fé
Seus véus reviravam mandamentos
O polo no umbigo
A carne do dia seguinte requinte culinário
Ela era mulher e não o era
Engrenagem no jogo dos deuses
Fera do inconsciente
Intriga, um trago
De trigo no inferno
Mamar em Memé, bicar alambique
Guia do sagrado desfiladeiro corporal
Empenha a safira do corpo ferido
Engana os mercadores usurando amores
Caem dançando do céu as asas da loucura
Embriaguez silvestre, cravos sangrentos, pulseiras de ossos, colar de coração arrancado
Salomé despiu-se, eu encarava de novo
A pétala petulante
Bíblica bacante
Ampulheta de Gizé!

AGONIA DO CAPITÃO GANCHO
(CANTADA POR UMA CRIANÇA)

Se tudo que desmanchasse fosse
Algodão doce
De botar na boca
De botas no céu
Desmanchar seria coisa a toa.

Tem tanta nuvem que não houve nada
Eu choro também
E não houve nada
Descascando alho
A mãe dele chora por um marinheiro
Que de tanta saudade
Largava o barco e a nado ao porto
Sempre o primeiro.

Agora sem saudade e nenhuma pressa
O marinheiro mundo inteiro
Atravessa.
Sem conhecer lugar ou coisa
Esquecido como é
Foca de nariz em pé
Mas a bola pra animar a vida
Ficou por aí, a brincar perdida
A boiar.

Se o capitão gancho apertasse a mão
Daquele que lhe cumprimenta
Talvez não fosse rabugento
Feito quem pingou
Muita pimenta.

A pedra portuguesa leva a Portugal
Algodão doce, nuvem com açúcar
Pra matar a saudade bota na boca
Quando a vida tira
O doce do céu.
Quando chove pedra
E a garganta medra
Água na boca, marujo
Ainda água na boca
Eu viajo e fujo...

Se o capitão gancho soubesse contar
Até dez, talvez não fosse
Se apaixonar
Feito quem só sabe
Esperar no porto
Que tenha pena o mar.
Espuma, escama
Penteadeira das sereias
Notívaga cama
Mar marvado
Traz pena não, traz só espernear.

HUMILDE CANTIGA A GUIMARÃES

Quero ver quem tira
O verso do bucho da terra
Do estrebucho a lira
À queima roupa.

Quero ver quem monta
Na garupa da Lua guapa
Pra cavalgar o pampa
A tira teima.

Quero ver quem afronta
Monta de inigualável vastidão
Terra em inconfidência
A cabulosa cabaça
Jactancioso o sertão
Germinando sempre
Muito silencioso.

Quero ver quem limpa
A boca devoradora
Da terra
Desdentada, velhaca
Pronta pra jogar canastra
Com a vida que bovina
Ou capricorniana
Jogada sem lustro, pasta.

Quero ver quem morre d'amor
Se amarra no toco
Dessa árvore
Pau do penitente
Pra morrer valente
Agora se quiser manda às favas

O amor
E vai chorar as mágoas
Viajandor.

Quero ver quem tira
Da beira do rio os seixos
Vai jogar búzios
As pedras ao fundo
Do rio atira
Olha a fonte dos gorgolejos
Ela te satisfaz, rapazinho
Se admirar for
O maior dos teus desejos!

DEUSA MARATONA

Já chegou a Deusa Maratona
Veio a tudo, à tona suas pernas torneadas
Pintada na natura, Mona, Mona
Doidivana nos sara
Saracoteando!
Ai que lindo, perfumes, perfumos
Pernoite perfumado
Hálitos noturnos, chovem cheiros
Os incertos certeiros.
Quero perfumes e perfumos, por favor
Por favo de mel...
Vai esgueirando a Maratona
Esgueira o mundo com ela
Para que raios, para que ralos?
Para-raios não hão de parar-lhe...
Escorre a deusa:
Em fruto, feromônio, fronteira, festeira
Polpa, gosma, pandemônio e panteão.
Escorre a deusa:
A bicharada inteira atirada ao rio
Elefante, raposa, gafanhoto, boto,
Dançantes, ai,
Trombas d'água e dengos d'açúcar
Tombos e lombos
Zonzos e gonzos...
Ai que lindo, garatujas e corujas
Olhos cor de bombom
Pingados amarelo, enormes, rajados
Olhos de bombom comidos tim-tim por tim-tim
O estômago do tuim ressoa tamborim!
Deusa Maratona salta das cabeças
Fios de cabelo branco
Fim da linha, boas ideias?
Sei lá? Lá eu saberia.

O SEGREDO DA PEDRA

No bordado místico das pedras
deflagra a língua de outro tempo
hoje incompreensível
ela chilreia
é areia aos quatro ventos

O bordado no corpo da pedra
experiência irregular, os ângulos
do segredo
a tempestade desbasta, eu busco rompê-la
sento sobre a pedra
esperando resposta

Imploro, ela endurece o porte
fito a face por dias a fio
gesticulo, esmoreço eu, não a pedra,
desafio!

Pueril contenda, a pedra
pode mais que a poeira
estirado aos seus pés peço solução
sem recurso
a pedra escusa, a cabeça quebrada,
obtusa, batendo de encontro à pedra

Como acordar a pedra do sono profundo?
eu me exprimo, eu a espremo
chora água, leite, sangue
obedece: umedece
"abre-te Sésamo, por Sherazade
que conta histórias para dormir!"

Pedra, vossas pálpebras encerram
um sonho fundido,
estranha alquimia
se esse sonho é revelado
já fica sendo outro,
é perdido!

Durmo, cambaleio ao comando do sono
oscilo, oscilo, oscilo
ombro a ombro às aves atravesso o umbral...

Acordo conhecendo o segredo:
"pedra dormida, pão dormido, palavra dormida"

AMANHÃ SEREMOS CRIANÇAS

Antes de você
Amo a criança em ti
Criança com pressa
De descobrir tudo
Cavando a areia
Como quem lê filosofia

Antes da mulher
A menina foi meu amor
Ah, o vestido estampado
Flor hippie de drogado
Menina dá as mãos
Ata Ocidente e Oriente

Antes da agonia
Agacho pra ver Sofia
Vendo o mundo qui de baixo
Agacho e acho, o coração

Antes dessa vida
Dura de bicho humano
Barbudo e sem dentes
Tive minha belezura
Fui criança
Fui anjo sem lembrança

Antes de Amélie
Eu forçava pra sorrir
Imitava alegria
Tão cheio de dor
Que chuva ou sol
Tanto fazia

Antes de você
Abria o guarda-chuva
Pra me resguardar do mundo
Vestia a luva sem ter dedos
Sabia provar, cheirar e tocar
Faltava saber sentir

Antes de tê-la
Antes de Camões ou Dante
Perdido, eu medieval
Tinha o peito arfante
O tempo corria pra trás
Na saudade do nunca mais

Eu só soube quem sou
Quando descobri quem você era
Porque dois são gente
Mas um é nenhum

Criança minha
Que vou sempre amar
Eu aprendi a lição
Coma o doce antes do jantar.

CARTUNISTA APAIXONADO

Te desenhei no meu cartum
Retorcida, manchada
Muito bem maltratada
Ainda assim
Não se deixa sereia feia

Te exagerei por desespero
Rabiscada tão fundo
Atacada, riscada, arranhada,
Ainda assim
Não te marquei pra sempre

Te tracei num guardanapo
Sujo de mostarda e matte
Sujei esse trapo
Ainda assim
Prefiro um papo sujo

Te desenhei no meu cartum
A fada mais safada
Que voa e faz zum
Que trepa e faz zum

Amor, caricatura, marcas,
Misericórdia, sereia, fada
Sujeira poética na madrugada
Esse amorzão cabe num cartum
Exagero nenhum...

SHEHERAZADE TROUXE A ESPADA OCULTA

Os olhos dela lâminas de espada pousam
ela desferiu o golpe mortal cem vezes
mas você não morreu
eis a magia
tentas ser valente até o fim
eis a vantagem dela
enquanto um brinco ou seio prende a atenção
fostes jogado num canto
que a aresta presta melhor
à sedução
essa é uma história sem fim, o seu desejo
encontrou
o objeto final
mas acontece que não é
um objeto
não é uma boneca que ganhou vida
não é você refletido
o melhor de tudo na sedução demonstra
nunca
nada
fez sentido
uma metáfora, um desaforo, você não sabe mais
o corpo dela rijo
estufando de riso
riso, riso, riso, afiada arma te colocando abaixo
aprendeu a ser homem
já não sabe mais
o que é homem ou mulher
quer ler o livro grosso
é tanta beleza que não consegue
abrir os olhos
se olha a mulher nos olhos:
repete

candelabro
não distingue o dia da noite
eis amor: Sol e Lua
o resto é repetição
a melhor figura de linguagem
é um pecado
pelo estilo
justificado
ele a dizer seus olhos mormente
só os olhos podem dizer os olhos
e se miram inconvenientes alguém
que olhos mirem olhos primeiro
mas nunca
por isso
a espada mata.

CAPITÃO CUPIDO

As rodas nos trilhos
O cupido com arco e flecha
Há algo triturando
Não se sabe onde
Não se sabe quando

Cupido usa um tapa olho
Amor pirata amor
Primeira coisa que rouba
São os olhos

Ela morde os lábios
Indecisão na ponta da língua
Abraça os joelhos
Faz suas caretas
Escondida atrás dos cabelos

As rodas do trem
Rugem como um leão de ferrugem
Esfinge encouraçada
Devora os passageiros
Que não decifram a própria estrada

Cupido fuma seu cachimbo
Traga sempre viciado
Assim ele se lembra
Dum amoroso limbo
Onde Romeu, Tristão,
Isolda e Julieta
'Inda suicidam o coração
Por amor?
Por lealdade?
Pelo vício teatral da repetição

Pelo vício teatral da repetição
Pelo vício teatral da repetição

Ela treme de libido
Lambendo seu pescoço, o cupido
Prepara pra entre suas pernas
Brincalhão e garanhão
Conseguir abrigo

Ela treme sobrevivente
Da enchente dos sentidos
Entrega seu corpo inteiro
E na sinestesia carnal
Se vê no gosto o cheiro

Ela arde toda
Uma agridoce plantinha
Cupido macho lhe tinha
Nua no cachimbo

Menina tira o sutiã
Amamenta todos no vagão
Cupido, diabo, Kerouac e Pã
Freud, Lacan, amigos
O desejo reprimido não vence cupido

As rodas nos trilhos
Ninguém mais vê cupido
Ela se arranha sozinha
"Louca, imoral" – eles dizem
Sem entender seu doido gemido

O maquinista está morto
Flecha cravada na garganta
Doce, trágico despreocupado
Cupido dirige de olhos fechados!

14 SEREIAS

E chegou o dia da festa
os homens apinhavam barcos
com toda sorte de objeto
lembrança, encantação
muitas lembrancinhas pras sereias.

Ali as sereias eram chamadas Serenas
sobreveio este nome, soerguido do mar
talvez derivado de Sirenas
mas isso não foi coisa humana
a língua cria suas próprias artimanhas.
Se eram sereias ou iaras
pelos gracejos linguais não iaras
ainda iras
tanto faz,
eram sereias e encantavam os arraiais.

Cada homem desmilinguido deixando
algo seu à sereia por perdido
e certo como o mundo
o que se perde há de se achar
menos se for coração perdido
esse já está muito pra-além-mar
matusalém.

Uns homens deixavam retratos seus
'vai, vai q' a sereia há de se apaixonar.'
Os músicos deixavam partituras
'e se a minha canção nos lábios dela roçar!'
O trovador da ilha deixou isto:
'sublime, minhas sereias
é não estar em terra-firme.'
Ele que só pensava na maciez daqueles seios
não feitos para amamentar, mas para

ludibriar e
peitos outros infartar.

Chamavam Serenas e seu sexo perfurado
cheirava a rosas e alfazema
nadavam invulneráveis, protegidas dos tubarões
baleias, cardumes de piranhas, nenhum ousava
dente lhe encostar.

Homem triste o ano inteiro, desvairava de alegria
ali naquele terreiro esquecido por deus
e a honra não era o presente recebido
era a dádiva ofertada.
Um sujeito franzino ofereceu
seu cinzeiro de conchas
traguem muito, lindas sereias.
Outro ofereceu fina marmelada
isso pra modo da boquinha dela
suspirar adocicada.
Desmedidos legaram seu amor,
já não era seu
traziam congênita a desventura dos pais,
avôs, bisavôs,
chimpanzés ancestrais
loucos pelos rabos de saia sereia.
O problema morava na mentira
pode-se se amar todas elas?
As sereias não são todas iguais
amar todas era um eroto-engano
e pra aqueles homens o mar era um só
não essa batalha titânica entre ondas
de Martinica até Ítaca.
As ondas não são banho de rebanho
as ondas não estão de acordo
pelejam tempo adentro
trespassam o escuro das eras entre beiras e feras.

Acontece das sereias daquele vilarejo
chamarem Serenas
e viverem sem beijo, dono
suas e suas apenas.
Como nasceram feito escuro, sem cópula ou
cortejo?

Assexuadas as criaturas, poderia ser de dizer
puras? Duvido, mas posso? Tolo, tolo eu
da vida não se duvida.
Acontece a historieta de uma
sereia das mais mililindas dentre as lindas
prenda lenda, beleza fazendo da gente morder os olhos
por gula ciumenta;
dizem o seguinte:
'acredite quem tiver
crença da mais sem limite
a sereia amou bem amado
a sereia amou
a sereia amou afogado!'

Assexuadas as criaturas, como se reproduzem
e fazem as sereinhas
tem parto mágico
abrem da boceta
bainhas?
'É a tempestade empestando
o viril rochedo?'
'É a concha encontrando
o grão em segredo?'
'É nada, náiade
a sereia é filha única de mãe solteira
é nada, náiade
a sereia é filha da saudade.'

Cadê a sereia que eu amei
tanto, mas com inelutável atraso?
Cadê a sereia minha escolhida
ah, o mar ficou raso.

Cadê Clara, cadê linda Clarinha
o mar levou
faltou livrar
vida minha do teu jugo de rainha.

Sereia, o mar tá sempre de partida
como o amar
ele parte cortando o sonho de Galileu
aquele ser marítimo lunar
mar parte ao encontro teu
pode confiar?
Sereia, o mar tá sempre de partida
os navios brinquedos
peixes convidados
raios agarrados...
Sereia, o mar tá sempre de partida
e um dia, ame ou desame o homem exangue
pretendente
mais dia, menos dia, tu desbota
vira mar contente...
Então eu serei das águas
e direi um último adeus à terra.

Ao mar comparo meu amor
só a si se persegue
só a si se rendilha
e a roda de samba
como sorriso de sereia
brilha!

CASA BRANCA

Lá eu fumava tranquilo
Debruçado na varanda
Lá eu fumava sem grilo
Ao som de cigarras e grilos

Pra onde foi, velha paz
Que se te procuro
Não acho jamais
Sei que paz não se procura
É ela que vem quando entende
Estrela mais pura

Tenho direito de conversar comigo
Cinco minutos ao dia
Isso é tão pouco pra mim
Que de resto me rasga rotina

Na velha casa eu me conhecia
Estava com a gente
Que passa e se sente passar
Diferente do fantasma
Arrastador de correntes silentes

Na velha casa eu gritava
Não tinha na boca trava
E tinha quem me escutasse
Os gritos eram calmos
Podiam ser santos, ser salmos

Na velha casa tinha vaga-lumes
Eu via através da fumaça
Os rostos cheios de graça
Aleluia um dia qualquer

O pão tinha gosto, a vidraça tinha rosto
O piano tinha cauda, o cachorro tinha canto
Tinha que ser simples
Simplesmente tanto

Na velha casa tinha tesouros
Que queria enterrar no coração
Pra nunca mais sair dali, nunca não
Eu nem sei pois
Quem foram os piratas malditos
Sei que o barco é de madeira
Também a casa
Sei que boa cerveja
Tem gosto de madeira
Faz sentir em casa

A velha casa casa com sonho
Assim sem querer ela casa
Como sapato ao calçar
A casa é do meu par
Cheia de gente pra beijar
Quando eu acordar

O único mal da velha casa
É que hoje ela é coisa de sonhar
Madeira querida
Onde fostes parar?

PSICANÁLISE PRA BORBOLETAS

Estranha borboleta
Sente-se larva, não se sabe bela
Tem asas pra voar
Falta ar pra levar caravela

Estranha borboleta
Sua cabeça sonha mil furacões
Ah, ela tornada tornados
Mas doem os ventos sonhados

Estranha borboleta
Ainda esperando transformação
As asas pelo chão
O céu debocha, borboleta
Cria coragem, bela
Voa em vendeta

Estranha borboleta
Fumando tantos maços de cigarro
O corpo tatuado
Com imagens de borboleta
Que sonhas ser
Sem saber que já és

Estranha borboleta
Arde insana essa lava de ser larva
O vento pede arriscar
Joga teu corpo nessa roleta
Tu casas melhor
Com tuas bravas asas!

AMOUR

Eu fumava meus cigarros
Quando proibiram o amor.
Entendi: proibido o amor
Nunca mais se compraria cigarros.

Nunca acordar no meio da noite,
Dormir sequer, mentir perderia
O sentido
Junto com a mentira, a vida
Mente quem deseja, só desejando se vive
Mentir é desejar, desejar, viver.

A integridade apunhala os heróis
Heróis morrem nos braços dos
Vilões moribundos, beijam-se
Nas bocas trêmulas
Meu irmão, findou nossa guerra astral
Venceram os idiotas de colarinho
E os lábios são um selo de paz.

O amor é o pai negligente, a mãe
Atenciosa de todos os vícios
Sou hoje, aqui e agora
O último dos bastardos
Fumo, fumo ufanista
Fumo, fumo, fumo
Em homenagem solene ao pai de todos os vícios:
Amor, Amore, Amour!

CARAVANA

A caravana migra aos pinotes
Buscam salvação, fortuna, fama
Genialidade, isolamento
Ou talvez o ouro nos potes?
Isso secando nas faces é cuspe?

Para onde vão andarilhos
Para onde caravana dos banidos filhos?
Longe das cercas a liberdade nosso circo
Vítimas do desprezo, pois a graça de viver
Essa é proibida.
Visita o verdadeiro monastério, meu bom
E lá sequer um mestre sério.
A caravana deve buscar
No riso, no júbilo
No alegre sofrimento o seu nirvana.

Para onde caravana dos banidos filhos?
Se sois filhos da natureza, nenhum filho renegado
Se sois filhos do luar, a noite abre inteira
Fenda no céu vai te abrigar
E ai de quem não se renda
À fortaleza dessa lenda.

Magnetizados pela intuição sobrenatural
Versados em livros de sonhos e nenhum outro
A caravana vence as dunas
Sonhadas horas noturnas
Os olhos filtram grãos arenosos
Depositam-nos esplendorosos
Em olhos urnas, urnas, urnas sagradas

Desertificados os exploradores insaciáveis
Fatalíssima viagem, repousa no deserto
A cobiçada miragem, a que fará das cobras
Cascáveis amáveis!
Enroscadas nas cabeças serpentes turbantes
Perigo more sempre nessas mentes
Sê veneno filosófico aos sonolentos
Destile a cobra o suco fatal
Ao velho maniqueísmo moral
Sonolência não é sonho, sonolência não é sonho!

Olhos coroados, eu vejo as pegadas do reinado
Olhos abertos ou fechados, se sonho
Estão eles coroados
O portal jaz na areia movediça, o inconsciente
Atravesse a si, cigano rei
Que a lâmina seja súdita ardente!

Olhos abismados, aquele caos ora quieto, domado
Está antes congestionado de vozes, quereres
O falso rei apedrejado com pedras preciosas
Sem entender a gema luminosa cegante
Gema do caos, teu verdadeiro coração

Olhos abismados, aquele caos ora quieto, domado
Estava à espera de guerra
O caos penumbra povoado distante do sol
O caos povoado é o verdadeiro reinado
Teu exílio não sonha, olho anátema, pária, balofo
Teu exílio é não obedecer tuas pálpebras

Para escapar do exílio reconcilio sonho e cílio
Fecho os olhos e abro as cortinas
Estou comigo, está comigo nirvana
Sou caravana!

FRAGMENTOS DO EU INTEIRO

I.

Empresto meus dedos para que te saibas real
Apanhemos conchas instrumentais
Cante ao mar, o de vista musical
Empresta minha existência compartilhada
Que sozinho eu sou é nada.

Leve eu busquei esse marulho assobiado
Citadino, eu por barulhos transtornado
Cruzando ruas à busca do farol
O farol premonitório alumiando
Olho do profeta Tirésias em maresias brando
Variando presságio e naufrágio as estrelas
Bem poderiam acusar o profeta de plágio

Quem faz a poesia adivinhatória?
Quem lota as arquibancadas da História? Digam.
Os deuses engoliriam a vós, tribunal
Críticos cegos, aveludados, indigestos
Calem-se, vinde o retorno à imaginação tribal

Hoje o mito enfrenta bulas, receitas, prognósticos,
Previsão do tempo, jornalismo
A própria previsão do tempo dizendo:
"Choverá amanhã", ridiculariza os mitos
Como se o homem no seu gabinete conhecesse os cheiros
De oliveiras, prados e azeite
Como se soubesse cavalgar um ginete...

Empresto meus dedos para que te saibas real
A natureza nos empresta deuses para o mesmo.

II.

Empoleirei meus pés no telhado, hei ser altura
Se me crês confuso entre homem e pássaro
Pense de novo.
Antes de me dirigir ofensas, chacotas e ódio
Pensa comigo, vencedor
Onde está o pódio?

Procurei a companhia da minha coruja, lhe abracei
Ela resmungava por eu lhe comprimir as asas
Eu insistia por ela me comprimir a vida inteira
Juntos olhamos um livro de gravuras, ali, por olhar
A gravura da página duzentos e cinco falava
Sobre gravar com afinco
Mas era a coruja que eu tentava
Preservar na vasta vagueza memória

Hei de um dia renascer coruja
E então rirei dos livros herméticos
Volumes empilhados até o céu (corujas riem)
Obstinados livros tentando aprisionar
A rebelião das ideias soltas
Deixe as ideias soltas, fora da cartilha
Sonhei a Biblioteca de Bastilha, sonhei a
Queda de Alexandria!

Minhas ideias soltas, sem fim finalidade, sem fim conclusão
Propus aos pássaros mais temerários
Deixem vossa migração, vosso itinerário
Percam-se. Quero uma quinta estação do ano, a dos pássaros perdidos.

III.

Fragmentos do Eu Inteiro no outro, por isso te observo
Continuamente curioso sobre mim mesmo.

Sacerdote, o tempo é o dote que lhe cabe
Tens o dom de fazê-lo roda, moinho, redemoinho
O círculo traçado ata o desatino
Um laço firme que garante, se estou no caminho certo,
O sentir de uma espécie Destino
Liberdade completa predestinada
Quando o homem escuta os pés
E acaba se tornando estrada.

Sacerdote, tenho pedido a fazer, incompreensível ânsia
Invoca novamente, águia dos mistérios, sábio sorridente
Invoca novamente, sacerdote, a minha pura infância!
Mais, recorta o miolo do tempo, estalo
Me leva até o momento em que minha amada não passava
De uma lépida menininha, a amar, a questionar,
A sonhar como convinha!

O Eu estala e se reorganiza, um intrincado labirinto
As paredes movem-se, intercalam posições
Levam ao céu, centro da terra, à Lua, porões
Ao âmago formigueiro, fenda misteriosa na parede
Aos templos ao ar livre!
O Eu estala e se reorganiza porque eu amo
As memórias estão se ajeitando para lhe acomodar.

Quero fundir nossas memórias
Renascer ao assistir seu parto, primeiro dentre inumeráveis partos
Respiraste pequena amada e com isso
Eu perdi o ar, desejei ar avidamente
Ambos estávamos sedentos em sucção

Felizmente, o amor, esse leite inebriante
Estava à nossa disposição.

Quero fundir nossas memórias
Minha memória rodopia como um corcel vingativo
Sou o homem, o elemento ativo
Assim sou, assim vivo
Tua memória plana como um vento repousante
És a mulher, o elemento nutritivo
Assim és, assim vive...

Acontece que somos um só
Libertados dos fragmentos sexuais
Conectados com a unidade dos astrais
Tufão vingativo e corcel manso
Raça andrógina versada nos antigos mistérios do amor
Raça amante das flautas suaves e dos saxofones atrozes
Raça daqueles que amam sobretudo a si mesmos, pois
O Universo auto consciente está neles contidos.

Ah, sacerdote, escuta o meu ensandecido apelo
Estou vencido pois pela ideia convencido
Saboreia minha fome espiritual (a alma sente fome)
Mostra-me minha amada em infância
Brinquemos por parques, alamedas, cachoeiras
A risada dela me purifica como cachoeiras de cachos de cabelo e mechas de uvas sagradas
Como se a cachoeira fosse de vinho, cachos, inocência e transe.

Sacerdote, tu mesmo não és andrógino e criança?
Materializa minha amada criança morta de doença
Precisas primeira achá-la, colocá-la sentada num banquinho
Quietinha e comportada...
Onde procurar minha querida perdida?
Abre meu peito, eu nunca lhe deixei escapar.

IV.

Sou a estaca que se fere o sangue nunca estanca
Sou o cravejar daquilo que mais deseja
Obsessão em pele de veludo, cetim, alabastro
Assassino a velhice, não deixo sequer rastro
Sou a compulsão narcísica
Unguento para o moribundo morrer
Heroico, sem saudades ou tormento
Sou o detrator de Dorian Gray
Mas meu retrato exato
A expressão trágica
A face do ventríloquo
Nunca, jamais revelei!
Adivinha-me
Adivinha-me agora.

Compasso para medir o céu meu abraço
Engulo aos destinos todos, do homem ao avatar
Inscrito entre o absoluto e o nada, em você estou
Até mesmo um deus eu ousaria afrontar
Afinal, sou apenas a Charada
Adivinha-me
Adivinha-me agora.

Sou aquele que sempre responde com uma pergunta
Assim eu ensino, só assim se pode ensinar
Eu sou uma cortina intransponível
Levo-te a mim, a nenhum outro lugar posso levar
O horizonte observa o horizonte, sou a ponte
Adivinha-me
Adivinha-me sem demora.

Sou o coração palpitante dentro do peito da estátua
O rio dentro da estátua, contradigo Heráclito e Parmênides

Quanto sofre essa estátua concubina da quietude
Sou a estátua que se alevanta em amor pela altitude
A asa da coruja, o amor que nutres, poeta, pela dita cuja
Adivinha-me
Adivinha, já é hora.

Sou lágrima mais fervilhante daquele doido amante
A lágrima sincera que nada, muito menos os olhos
Saberão conter.
Sinceridade invencível da lágrima fervilhante
Que te fez agradecer a deus por deus ser instante.
Adivinha-me
Adivinha-me, choroso infante.

Sou fraternal abraço entre vida ferida e morte indolor
As flores fenecidas que o campo primeiro vela
Para depois repor.
Entendo os homens a me passear, seus passeios
Casuais e inquietos só para adivinhar...
Que homens são.
Adivinha-me
Adivinha-me só usando o coração.

Como Byron, como Érico, como Van Gogh
Sou o ser melancólico libertado enfim pelo bucólico
Adivinha-me
Adivinha-me no jardim do tormento.

Sou a vontade mais afiada quando já é tarde demais
A facada peripécia, a facada badalada na calada da noite
O assassino morre só.
Sou eu o único espectador dessa morte, olho e nada faço
O amor solitário merece e terá seu triste espaço.
Adivinha-me
Adivinha-me antes do tarde demais.

Sou o amor entre escravo e senhor, sou senhor escravizado
Nasço como força mesmo em meio ao esgoto, não me esgoto
Cresço nos desertos e as cidades modernas são desertos
Sou os anjos caídos, que caíram antes por curiosidade
Que por traição.
Adivinha-me
Adivinha-me que essa é a última chance.

Sou a cabeça decapitada ainda sorrindo
Amo a vida mesmo depois de morto
Sonho tanto, por isso no sonho absorto
Ainda existo, vivo e morto misto, mas alegre!
Sou a vida que te elegeu e aquela que escolhes
Mantenho tuas colheitas, colho tuas proles.
O rio, o regato, o oceano, mergulho em mim
Aconselho que faças o mesmo.
Adivinhas meu nome?
Sou Infinito no Finito, o único que não some!

A SAUDADE DAS NINFAS

Se as ninfas cantam trágicas
Os ventres secos
As maçãs do rosto descoloridas
Sonhos ceifados, é o bosque que some

Olhe nossos últimos galhos
As maternas árvores da vida
Viraram espantalhos
Causam nojo aos pássaros
O vento condena o homem com asco:
"Besta, sádico, verme, carrasco!"

Ventre lacrado, cova aberta
Natureza, minha ofendida mãe
Pergunto eu, tua eterna criança
Quando será nossa vingança?

Nego esse deus único, faz-me rir
O Um, o que nos criou à semelhança
Obra vaidosa, demasiado humano
Únicas são as árvores
Cada tronco, volteio, rosto madeirado
Pai sem Mãe é tirano

Ah, parte daqui cristão
Invés de teu monstruoso deus aranha
Quero semelhança
Com o espelho onde Vênus se banha

A grotesca misoginia desse Evangelho
Devia ser enterrada
Soterrada por raízes, pedras
Junto ao peito do patriarca mais velho

Autoridade apodrecendo
Finalmente em silêncio

Que a lira de Orfeu fira
Ouvidos devotos da patriarcal mentira
Que Apolo carregue a ninfa pagã
Minha nudez louvada
Minha doce natureza
Aninhada e salva ao seu colo!

Ninfas mortas de saudade
Ninfas mortas de saudade
Eu sou saudade
Eu morro com as ninfas.

O DOM DO SILÊNCIO

O silêncio do espadachim estirado vivo
O silêncio de um achado
O silêncio da paz remada pelo remador
O silêncio da redenção involuntária
O silêncio do horizonte com ou sem gaivotas
ferido
acomodando calado
O silêncio branco do médico de almas
O silêncio preparado para a hora da verdade
O silêncio do prenúncio estival
O silêncio sepulcral
O silêncio do sorriso grato
O silêncio do vento de fininho
O silêncio da barra das vestes
O silêncio de uma enorme mesa
O silêncio do cinzel contra o céu
O silêncio do cavalo façanhoso diante do tornado
pelo qual
foi batizado tornado
O silêncio da pirâmide parida pela esfinge
O silêncio da dançarina ao notar o encaixe
do âmbar no umbigo
O silêncio do esquizofrênico escutando rádio
O silêncio da avó nunca contrariada
O silêncio conectado da cela à torre
O silêncio carta abstrata do tarot
O silêncio do eremita
O silêncio do alquimista buscando transformar
matéria em silêncio
O silêncio de ninar mais calmo que o silêncio
O silêncio do quartzo rosa
O silêncio de um castelo de nuvens
impossível de destruir
chove
ele reforma.

AS MÁXIMAS DO POÇO FALANTE

I. Cada coisa no seu lugar, mas voltar pra casa impossível?
II. Atlas carrega o mundo nas costas, a tartaruga a casa, o homem sorridente carrega o sonho mais pesado que tudo.
III. Se o poço pudesse guardar o amor longe do Sol e da chuva, tudo você contaria às águas turvas.
IV. As boates são cavernas modernas mal frequentadas.
V. O poço sábio devolve em eco a pergunta feita: o aprendiz deve aprender por si.
VI. O poço verte sua música, prefere os sons às palavras, pois se as palavras servem como explicação, os sons invasivos inspiram.
VII. Podes encontrar um poço em qualquer encruzilhada ou desvão, podes encontrar tua casa no meio do nada.
VIII. A alma em si não existe, serve tão-somente para nos lembrar da existência de algo inextricável, resistente a pinças e bisturis, garras e presas, se isso for arrancado de nós tudo se desbarata, expiramos em definitivo. Essa coisa inominável por falta de melhor nome se chama inspiração.
IX. O mensageiro não pode se apegar ao lar, mas é amigo dos fantasmas.
X. Poço fundo como o mistério: quem entra não sai.
XI. Na beira do poço a boca rotunda, no fundo seu abismo, e no entre-caminho as palavras, guarde suas moedas, atire palavras, o poço é um mendigo ocultista.
XII. O sábio construiu sua biblioteca em meio a catacumbas, não faz diferença entre o lá fora e o aqui dentro, a realidade onda e a alma caverna escura onde se festeja, viver apegado a visões traz maldições colaterais, arrisque.
XIII. O poço sábio tem um olho só, boca o olho mesmo, ele prova e enxerga num único ato.
XIV. Da beira do poço caiu um abismo descuidado: que teu coração seja abismo.

AFORISMOS AO CAPITALISTA

I. O Capital, ao tornar vida sinônimo de trabalho, criou os incompetentes para a vida.

II. O trabalho em nossa sociedade estafa, a crise incessante dos corpos vende copos de cachaça às 7 horas da manhã, o homem tem antes e depois do expediente, o trabalho de aguentar-se vivo.

III. No esforço para viver ininterruptamente, blecaute após blecaute, o homem morre em pausas das quais ele mesmo esquece.

IV. O altar é onde a semente dorme vigiada pelo Sol. Exportação é a semente subindo o rosto para nós. O experimento científico feito pelas crianças; terra, algodão, uma gota e uma semente e o resultado final é religião. Quem não se aconchega no escuro, não cresce.

V. A única revolução possível virá da agricultura. Cada árvore plantada na cidade, uma testamentaria da saudade. Nada de original o homem cria, já a natureza, por sua vez, tem a originalidade da repetição. O homem nunca inventa, apenas muda as coisas de lugar.

VI. Desmonta a cruz e faz um berço para todos.

VII. Troque a civilização do metal pela comunidade da madeira.

VIII. Não existem canções de amor, o amor é a canção. Toda pessoa gosta de música, os céticos, os surdos e os que buscam abafar a música, igualmente. Não me desculpo se gosto de música mais do que o recomendado, não me desculpo se gosto mais de música do que de mim mesmo.

IX. Nada causa mais nojo ao homem rico do que os pés alheios. Lavar os pés de outro é sinal de devoção. As manicures entendem Jesus.

X. A retenção do dinheiro é o pavor da morte, que se faça o seu desejo, te enterrem num caixão de marfim.

MANUAL DE CAÇA ÀS BRUXAS

'Reconhecimento', trecho de um manual inaudito de caça às bruxas do século XIII:

I. As bruxas, ao contrário do que pensa o vulgo, não têm verrugas no nariz.

II. Os corpos destas mulheres, por sua conspiração com a meia-noite plena, não conhecem a dor da velhice, o desbotar. Cabem fases eternamente cambiantes numa única juventude.

III. Ainda a respeito das metamorfoses eternas, suspeita-se de uma sinergia entre os camaleões e a Lua, línguas e marés, sonhos e crateras.

IV. As bruxas possuem múltiplas personalidades, tantas quantas o Desejo, e isso quer dizer, elas jamais mentem, pois todo desejo é sincero.

V. Ainda sobre a sinceridade imponderável dos desejos, sabemos: no amor sincero, a mentira deve ser uma joia que enfeita, mas não ofende.

VI. Olhos aliciados estão livres dos pesos da alma.

VII. Amar é conspirar, o conspirador egoísta merece o suplício.

VIII. No quarto da bruxa existem dois destinos, uma cama para matar de amor, uma forca para matar de moral.

IX. Se a Lua desaparecesse do céu, as mulheres ficariam estéreis, se o Sol desaparecesse do céu, o orgasmo seria fatal.

X. As bruxas cavalgam o fogo.

XI. Insinuar no amor é ensinar a querer.

XII. O milagre da transformação de sangue em vinho pertence às bruxas, para derrota, inconsolável vergonha da cristandade.

XIII. A terra reclama seu direito sobre os corpos, os corpos reclamam seu direito sobre o céu, as bruxas, sem nenhum direito, possuem terra, céu e corpos.

XIV. As árvores não esquecem, mas enterram raízes profundas, lembrança e porvir fundidos, elas são a completude.

XV. O coração das sombras é o único que acolhe as flechas. O coração das sombras palpita aberto e com as pupilas fechadas.

xvi. Os homens tolos sobreviveram à peste negra, à tormenta, ao caos, à guerra, calamidades sem fim, pústulas, à lepra, mas quando virem a fantasia se tornar carne, exótica e terrível, irão cair mortos. xvii. Quando sobrevivemos a eles, desejos fatais alimentam a si próprios, são o fogo perpétuo, fatal em vida exuberante.